VINAGRE

VINAGRE

Alexandre Barbosa de Souza POEMAS
Rafael Campos Rocha DESENHOS

1ª edição | São Paulo, 2016

LARANJA ORIGINAL

ABRIDEIRA [para Rafael Campos Rocha]

alto chumbado
ferido de asa

bruega tiorga
turca manguaça

amigo da taça
defunto de taverna

água de briga
aquela que matou o guarda

[para Amir Admoni]

nada de águia ossífraga
nem quebrantosso
nem açor, nem mocho
nenhum tipo de abutre ou urubu
não pode corvo, avestruz
nem gralha, gaivota ou gavião
nem bufo, nem porfirião
nada de coruja
nem cisne, nem pelicano
nem garça nenhuma
necas de abibe, barbilhão
nunca morcego

BOLETIM DO JARDIM [para Maura G]

escrevo para avisar que o jasmim vingou
    apesar dos descasos
        por acasos felizes já passou
            da altura da porta
apesar da ventania
    que o derrubou do nylon
        se espiralou e deu a volta
            na claraboia
não se preocupe mas torça
    pelo nosso jasmim
        que nos dará em breve novas
            flores brancas
                sombra e perfume
apesar do ninho da rolinha
    com seus ovinhos
        na goiabeira
            e a borboleta
                do casulo da babosa
                    que a chuva matou
o manjericão avançou
    na rosa da rita
        as lavandas todas
            deram flores
o orégano surpreendeu
    e assim como a hortelã
        se encontrou em outro vaso

Enquanto à tripa-forra à banca sobra,
A turbamulta furiosa se atraca,
Tamanho ranço da massa de manobra,
Que a tropa sangra ao preço da catraca.

A plebe da estiva virou sócia
Das docas à fronteira agrícola,
É bucha da clique dos escroques,
Da malta que blinda o anestesista.

Os donos da vida, reis das notas frias,
Que sirvam de claque ao choque,
Aos torpes barões azuis marinhos;

Maldito valhacouto de rentistas!
A nós só interessa a debacle
Do privilégio patrimonialista.

DADA   não queres que o tomilho caia
sussurrarás

assim ficaremos
sem açafrões sobressalentes

azeviches não: ágatas tingidas
ônix: unhas de vênus

todos os meus amigos têm
porsches, sido campeões em tudo

no toalete sujei tua lente
eis aqui os caquis que esqueci no táxi

BARBIE WARS

Hulk Elvis chega na turbina subterrânea e vê que está tomada por milhares de caranguejos de louça. Pisoteia, luta com eles, joga longe um que espatifa o vidro onde está um tubarão de dez metros; outro liberta um touro de ouro — ambos atacam Hulk Elvis, além dos caranguejos. Para derrotar o tubarão, ele precisará da mão de mármore com o dedo médio estendido, que está numa torre na praça. Só que o dedo médio que lhe servirá de aríete para furar o tubarão é protegido por todo um exército de bonecas seminuas, love dolls amazonas, ex-Barbies convertidas ao feminismo gay radical, palhaças tristes — que veneram a deusa das bolinhas, que vive em um hospício. Lutando contra elas, em relação meio Krazy Kat/Ignatz, estão também os mexicanos internacionais, que vivem em casarões coloniais, mas Hulk Elvis não se alia a ninguém.

teodoro obiang
ditador da guiné equatorial
há mais de três décadas no poder
reprime com mão de ferro qualquer
                            dissidê-en-cia

execuções [breque da bateria] extraoficiais
violações [breque da bateria] dos direitos
                            humã-ã-nos

auxiliado pelo capital
da exploração recente do petróleo
pretende passar o poder a seu filho... teodorin!

Proponho à banca da pedra preta
À corja solidária da força bruta
Trocar o laranja de volta ao preto

Laranja do desacato
Independente do sindicato
É a cor dos garis

Vim encontrar aqui
Minhas mães minhas irmãs
As minhas palavras queridas

(Uma delas escondida
Calada em branco na noite
Dizer por sobre o silêncio)

No livro preto que me deste
Deixarei esse resto de espanto
Desde o verso da folha
Até o abraço do ponto

Não posso pedir que cantem
Ouçam tudo o que esqueço
Depois contem a Mariana

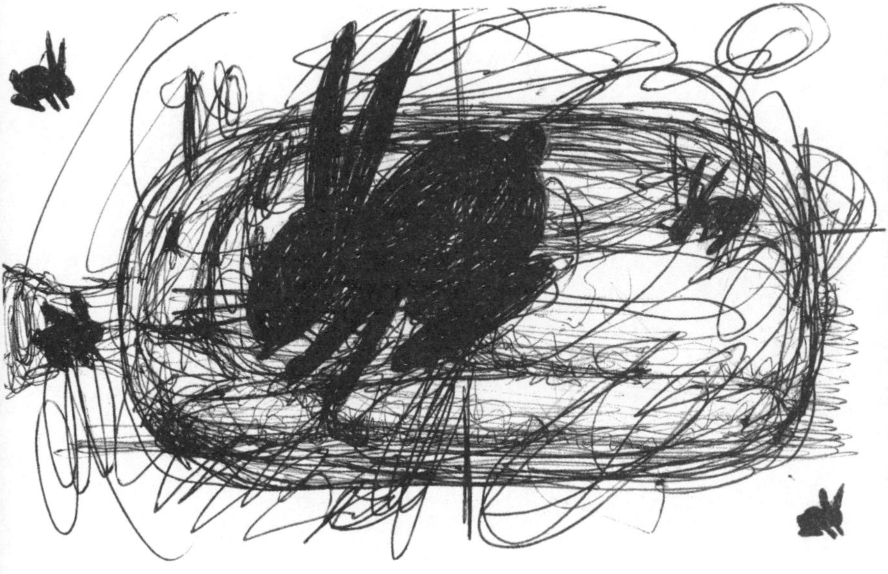

CADERNO DE DESENHOS

[para Renato Braz]

Um dia
Num parque do velho Norte
Encontrei um monumento imaginário
Tinha a forma de um leão-marinho
Com braços de asas e mãos de urso
O rosto da perfeita paz de um filhote
De pantera e de fato era de bronze como um sino
Sobre ele o musgo crescia
O que só lhe conferia maior beleza
Diante dele quedei-me como
Diante de uma árvore da infância
Não estava escrito mas eu sabia
Aquele era o monumento do canto pacífico
E quando eu mais precisei ele abriu sua boca
E cantou com a tua voz

LENDO NERUDA

De quando em quando
Ardo no choro comovido
Da cebola
Deixo os olhos vermelhos
De emoção
Depois no azeite quente
Dourando seus anéis
Deixo meu nariz feliz

Se ele dorme, estou contente;
Torço para que ninguém grite;
Que mais amor invada o ar
Que ele respira em paz;
Que os carros passem mas longe;
Ninguém se fira por perto;
Ninguém brigue, mais alguns minutos.

Fico aqui como o anjo da guarda
Que hoje vejo era o meu pai

Abraçados ao macaco marrom
Capitão América no canto com o casal zapatista
Tigre chinês, Coala de grãos anticólica e o Bisteca

Ao som de: Max!, dois pianos coloridos, matraca,
    maraca e marimba
Buzina, baqueta e kazoo (do casamento
    da tia Heleninha)
Carneirinho de Brahms e Balão de brilha
    brilha estrelinha

Móbile de passarinhos assoprados
Carpa japonesa presa à lâmpada maruja

Peixes de papel e as primeiras pinturas
na última estante sobrevivem ao faro do Dix

(Disfarçado com uma tubaína
Entre velhos e cervejas
Alheio à sinuca)
À luz branca do seu Nilo

(Sei que lhe devo dois cascos
Mas amanhã quando vier
Comprar cigarro
Trarei moedas e garrafas)

Desfruto o prestígio
Do anonimato —
Vizinho, novato

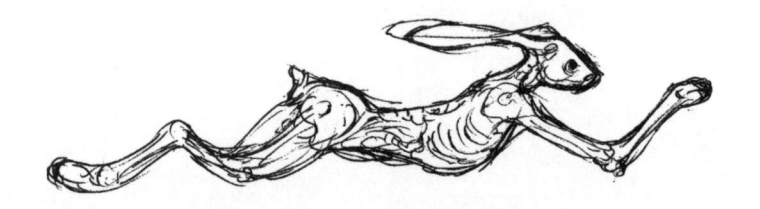

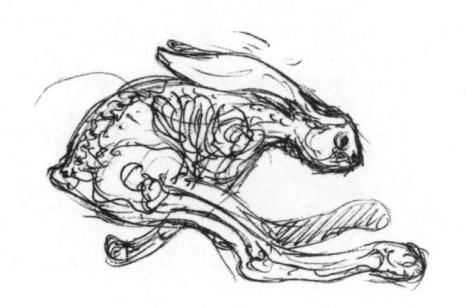

JOGOS
(COM SERIFA)

BALÃO "Cáspite, Orestes",
Disse Andrômaca.
"Áspide", Cleópatra.

ADÁGIO   No verão, na montanha,
Se uma andorinha, dois coelhos,
Um cavalo dado e um peixinho
Atirarem-lhe uma cajadada nos dentes,
Faça uma canoa, filho de peixe;
Maomé só com limonada

— Ia dizer varanda —
— A lavanderia —
— Que dá para o —
— Ia dizer ainda quintal —
— A empena cega —
— Onde passa —
— Ia dizer cinema —
— Um vulto de morcego —
— Ia dizer amigo

Da minha angústia sonante
Guardei o melhor para o fim
Meu coração de elefante
Numa torre de marfim

Um sofrimento profundo
Oito anos na gaveta
Meu reino é de outro mundo
O coração, proxeneta

NOVA SPOON RIVER
(LÁPIDES)

SUPER 8   Sempre posso encontrá-lo —
Naquele pedaço da praia

Cabelo molhado
À sombra do guarda-sol

Em seus ombros
Ele me leva para o fundo

De mãos dadas salto e saímos
Na mesma onda de peito

Andamos até o hotel
Onde bebemos sob as amendoeiras

Brisa, maresia, nós —
Na década de 1970

LÁGRIMA
(BRINDE)

Homero, filho de Homero e Flora,
Pai de Ana, José, Paulo Emílio,
Antonio e Maria do Carmo;
Avô de Isabel, Julião e Nara
— A voz se foi, ficou o timbre.

A pessoa mais leve — teve a voz
Mais grave — que já conheci:
Sonhava ser o tocador de címbalos — agora! —
De uma pequena orquestra da província.

Sem empurrar, foi seu lema —
Era um pedido, jamais uma ordem,
De harmonia e inspiração
Diante do espetáculo da natureza.

Era uma honra o sono de Homero,
Entre nós, Homerinho dormindo...
O sono dos justos, o sonho dos heróis
Anônimos, sublimes.

[para o Pedro Bortolon]

Ele contava de uma atriz
Que duas vezes o despejou
De imóveis diferentes
De uma praia deserta do nordeste
Onde encontrou certo executivo
Acompanhado
De um grupo de boêmios de seu bairro
Que conheci no sebo de seu melhor amigo

Bebi seu uísque, fumei seus cigarros
Quando precisei, ele me deu guarida
Apresentou-me a velhos comunistas
Ainda que ele mesmo fosse
O último livreiro anarquista

Seguia o calendário da lua
Perdeu a ponta do dedo ainda jovem catarina
Seu plano era se aposentar um dia
E voltar ao sul onde a mãe tinha a livraria

[para o Donizete Galvão]

Da última vez que nos vimos
Ele me trouxe uma cachaça
Celebramos os poemas
Abraçamos os amigos
Demos graças pelos filhos
Lamentamos com ironia
Alguma coisa vã de que me esqueci
Algum livro que podia ser melhor
Como nunca mais pegamos o mesmo
              ônibus da viação Urubupungá

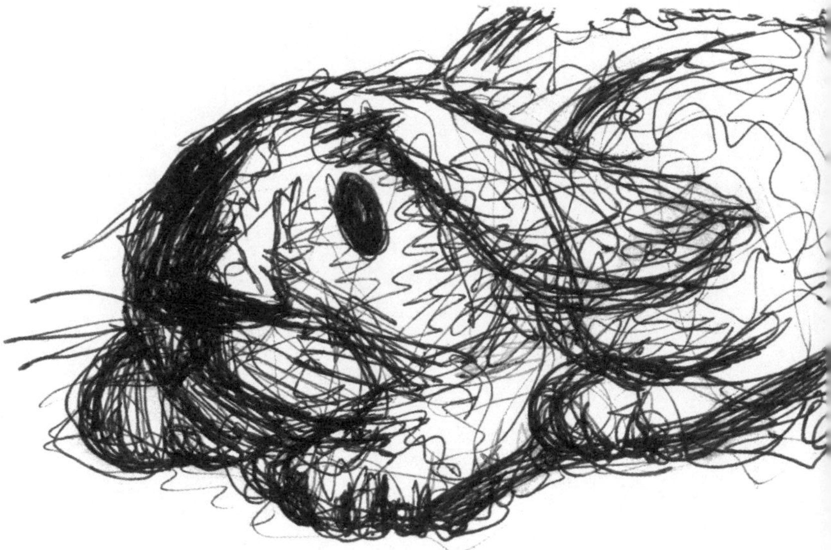

GRAFITES

Quando o fraudulento Bush Khan
Rasgou a Carta das Nações
Declarando-se Dono do Mundo
Senhor dos Homens
Na mesma noite sonhei que era
Joana d'Arc
Dos Matadouros
Sendo levado à fogueira
Sobrevivendo a 451 Fahrenheit

Era a massa parda baleada da humanidade
Meu único bem eram calos, cicatrizes

Então vieram os tecelões da Silésia
Com sua bandeira de trapos em chamas

A liga das barricadas traídas
Leal apenas aos peregrinos famintos
E à memória dos mártires meninos

CADÁVER ESQUISITO
(AEROGRAMA PARA ERNESTO WAYNE)

Sobre Guernica
    Breda e Fiat
        de Mussolini
    Junker e Heinkel
        de Hitler
Contra
    Tupolev e Polikarpov
        de Stalin

Kamikaze Mitsubishi
    sobre Pearl Harbor
Enola Gay
    sobre Hiroshima

Ó meu 14-Bis, Santos Dumont!
Ó meu Saint-Exupéry!

MUSA   É terrível que esta melodia
se repita nunca reencontrada,
deslocando enormes pedras.

Que uma canção, subindo ladeiras,
deixe nas casas um trecho esculpido,
como um recado para quem chega;

E ninguém chega a tempo de ouvi-la inteira.

Não há rio sem leito
Embora o rio não seja o leito
Nem as águas

Do frio entre leitos
O abraço lento
Do limo nos seixos

Não se deve dar conselhos
A morcegos, quem quiser cantar
Que cante a lua, a rosa, o uirapuru

Mas se a voz sem viço
Repete um astro que não sente
Distrai o pássaro noturno

Devias calar tudo o que não flor
Que me obrigas a ouvir
E não me entregas

LUA, ROSA, UIRAPURU

Quem quiser cantar a lua
Deve antes contemplá-la

Mas há muito que teus olhos estão cegos
E a voz mesmo ruim repete aos gritos
Um astro que não sente

Se fechasse os olhos e visse
O que diz, talvez saísse lua
Mas tua garganta está rouca

Nem te toca ouvir o estalido
Tilintar desta noite que não há
Por trás das tuas pálpebras opacas

Nem há esta rosa no teu coração
Embriagado, infeliz mas sem lirismo
Tampouco te fere sequer o espinho

Devias calar tudo o que não flor
Que me obrigas a ouvir
E não me entregas

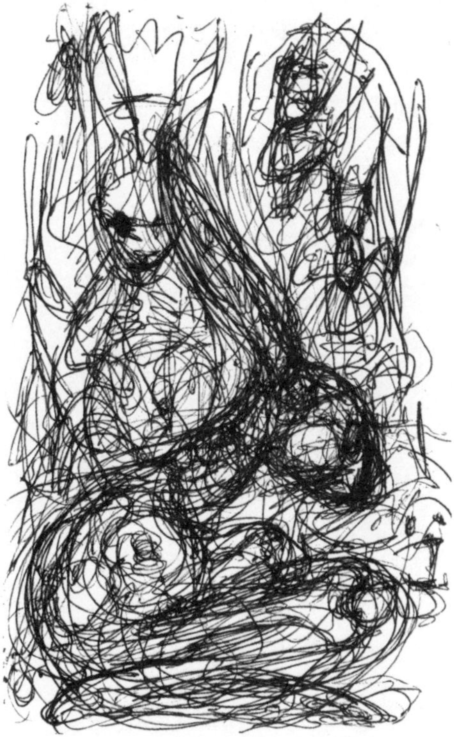

MAIS JOGOS (SEM SERIFA)

VILANELA
[COM REFRÃO]

vamos tomar um domecq!
nenhum homem é uma ilha!

chovam não pennies, copeques!
isso sim é maravilha!

o pai, um gregory peck —
a mãe, ava gardner — e a filha?

gloria de paulo werneck
e marina quintanilha!

DOMICÍLIO CONJUGAL

um só pecado:
uma mulher para dois

beijos proibidos:
incompreendidos

atire no pianista:
a noiva estava de preto

ESQUEMA DO ESNARQUE

São filhos da puta, são filhas da mãe,
Não valem um dólar furado;
No mato, cagões; sem gatos, sem cães;
Não sabem da missa a metade.

HAARLEM

Eram doze gansos
Brancos de bicos laranja
Junto ao canal
Comiam farelo na grama
À sombra de uma árvore
Pareciam uma tropa

Quando passamos
Levantaram o pescoço
E nos olharam
Depois ao sinal do líder
Voltaram a comer

[para o livro dos cheiros de Rita Vidal]

Quando eu era criança e não te bebia
Teu aroma era muito melhor que o teu gosto

Ficava vendo a tua duna virar
Uma avalanche de lava marrom

Na garrafa de espelho, eu te imaginava
Um outro tipo de chocolate adulto

© 2016 Laranja Original Editora e Produtora Ltda.
Todos os direitos reservados.

www.laranjaoriginal.com.br

Editores
Filipe Moreau
Jayme Serva
Miriam Homem De Mello
Projeto gráfico **Luciana Facchini**
Ilustrações **Rafael Campos Rocha**
Produção executiva **Gabriel Mayor**
Revisão **Bruna Lima**

Dados Internacionais de Catalogação na Publicação (CIP)
(Câmara Brasileira do Livro, SP, Brasil)

Souza, Alexandre Barbosa de
Vinagre / Alexandre Barbosa de Souza, poemas;
Rafael Campos Rocha, desenhos. — 1. ed. —
São Paulo: Laranja Original, 2016.

ISBN 978-85-92875-02-2

1. Poesia brasileira I. Souza, Alexandre Barbosa de.
II. Título.

16-06543 CDD-869.1

Índices para catálogo sistemático:
1. Poesia : Literatura brasileira 869.1

novosautores@laranjaoriginal.com.br

fonte **Relay e Dharma**   papel **Polén Bold** 90 g/m²   impressão **Laserpress**